Cold Game

Kaneyoshi Izumi

Lasst uns
über die Liebe
sprechen.

über meine
erste ... und gleich-
zeitig auch meine
letzte Liebe.

Cold Game

Inhalt

Kapitel 1 3

Kapitel 2 67

Kapitel 3 129

Die erste Prinzessin fiel in ein Loch und starb. ♪
HAH
HAH
Die zweite Prinzessin machte ei-nen Fehler und starb. ♬
HAH
Die dritte Prinzessin wurde ge-köpft und starb.
HAH
HAH
Dann die vierte und die fünfte ... ♪
Und welche Prinzes-sin ...

... ist am Ende noch übrig?
Kapitel 1

Lebe, stirb oder liebe ruhig.

KRSH
KRSH
KRSH
Lauf ...
Lauf!!
»Violet ...«
Ich muss sie retten!
Hah!
Hah!
Ich lasse dich ...
... auf keinen Fall ster-ben!
Ich rette dich!

»Ist schon gut, Violet ...«
Daran ist ...
... gar nichts gut!
In dieser prunkvollen Hölle ...

... habe ich dich gefun-den.
Selbst wenn du der Dämon sein solltest, der alles ins Verderben rei-ßen wird ...
... ist mir das egal.
So emp-finde ich nun mal.
Hah!
Wenn ich dich retten kann ...
Hah!
... dann gebe ich dafür ...
Hah!
... sogar mein Leben.

Ich bin Violet.
Die Ritterin Violet.
Prinzessin Alna ...
... ist für den Moment Vergangenheit.

KLANG
Vor 3 Jahren im Königreich B
KLANG
ヒュッ
SWUSCH
Hyah!
WAPP

TONK
Halt dich nicht zurück, Johann!
Sonst wirst du dich noch schwer verletzen!
Das tu ich doch schon!
Also bitte, hö...
... hör auf!!
KALANG
...
Schmollen bringt nichts! Für heute ist Schluss!
...
Bitte sag doch was!

...
Du brauchst dich nicht darum zu sorgen, dass du mich verletzen könntest.
In bin schnell wie ein Rehkitz ...
... und in diesem kleinen Palast ...
... gibt es zehn königliche Kinder.
Niemand wird nach mir, der Jüngsten, schreien.
Oder irre ich mich?
Ich will das aber nicht!
...
Weil es deine Zukunft beeinträchtigen würde?

Weil meine wunderschöne Verlobte verletzt werden könnte.
KÜSS

REIB
Ah!
REIB
Ah!
Auf-hören! Bitte!!
Das verletzt Körper und Seele!
Lady Alna ...
SCHWAFEL
Was glaubst du, wie man mich dafür tadeln wird, dich den Schwert-kampf trainieren zu lassen?
...
SCHWAFEL
Noch dazu habe ich dir sogar lange Socken und Stiefel besorgt! Hach, was bin ich doch für ein aufopferungsvol-ler Mann ...!
Als ob ich einer Göttin dienen ...
Klappe!
SCHOCK
Ah!

Johann ... ich bin dir allemal dankbar ...
Ich weiß, dass ich mich dir gegenüber wie eine Dame aufführen sollte ...
Singen wie ein Vögelchen, Gedichte schreiben, sticken, tanzen und dich in Konversationen eloquent unterhalten ...
Wir Frauen sind wie »Juwelen«.
Man schleift uns von Geburt an, allein zu dem Zweck, uns jemandem zu schenken.
Aber ...

Alna ...
Hör mir zu.
Du bist schöner als jede andere, und zwar genau so, wie du bist!
Dein Haar so weiß wie das Mondlicht ...
... deine violetten Augen ...
In drei Jahren wird deine Schönheit in aller Munde sein.
Kein Adliger wird dir widerstehen können.

WAPP
Aber!!
Zum Glück wurden uns viele Prinzen und Prinzessinnen beschert!!
Prinz, Prinzessin, Prinz, Prinz, Prinzessin, Prinzessin, Prinz, Prinz, Prinzessin!!
Deine älteren Brüder und Schwestern sind bereits den Adligen unserer verbündeten Länder versprochen!!
Und darum können wir dich, Alna, die jüngste Prinzessin, in unserer Familie Clay willkommen heißen!!
Welch eine Freude!!
Ah ja ...
Wie schön ...
Hoch leben ...
DREH
... die Clays!!
WIRBEL

Na ja ... er ist kein schlechter Mensch ...
Mehr darf ich doch nicht verlangen ...
KAROPP
Öffnet das Tor!!
Ein Pferd prescht direkt in den Palast ...? Was ist da los?
Eine wichtige Eilmeldung ...?
KAROPP

Verzeih, Benno ...
... aber ich würde die Verlobung mit deinem Sohn gern widerrufen.
Was ...?!
Halt dich zurück.
Dürfte ich den Grund erfahren, Eure Majestät?
Das Königreich E will Alna als Braut ihres Königs.
König des Königreichs B

Das Königreich E ...!
Das ist ein abgelegenes, militärisch starkes Königreich im Westen.
N
W
E
S
E
B
F
S
Seine Bewohner sind temperamentvoll und fechten unentwegt brutale Kämpfe aus.
Wie seltsam ...
Sie haben doch bereits eine Gemahlin aus dem Königreich S ...?
Ist diese etwa verschieden?
Keine Ahnung.

Ich weiß nur, dass nach dem plötzlichen Tod des Königs von E vor einem Jahr dessen jüngerer Bruder den Thron übernommen hat.
Durch diesen unerwarteten Machtwechsel haben wir keinerlei Informationen über den jetzigen Herrscher.
Er war bei keinen wichtigen diplomatischen Veranstaltungen zugegen. Wir wissen nicht, wer er ist.
Ich habe Spione entsandt, um etwas zu erfahren ...
... aber keiner von ihnen kehrte lebend zurück.

Und dahin wollt Ihr Lady Alna entsenden?!
Nein.
Gerade weil die Lage so ist, wie sie ist ...
... soll ich dorthin gehen, nicht wahr, Vater?

So ist es.
Frauen sind Juwelen.
Je schwieriger das Empfängerland, desto schöner muss das Juwel sein.
Es muss nützliche Informationen für sein Heimatland sammeln.
Es wandert von Hand zu Hand ...
... und wird entweder geliebt oder verschmäht.

Alna!!
Jo-
hann ...
Verzeih,
dass ich zu
solch später
Stunde direkt
bei dir auf-
kreuze ...
Nicht doch ...
Du warst immer
gut zu mir. Das ist
alles sehr schade.
Auch Benno ge-
genüber ...
Mein
Vater
ist jetzt
egal!!

Bist du mit so einer Heirat wirklich einverstanden?!
Hör auf damit!!
Ich weiß, dass du deine Emotionen kaum zeigst ...
Er hat zu viel Energie ...
... aber der Gedanke, dass du bis zum Morgen schweigst, macht mir Angst!
Eine möglichst einflussreiche Königin eines möglichst großen Reiches zu werden ...
Dieses ehrenwerte, glückverheißende Ziel wurde uns von klein auf anerzogen.

Das sind alles Lügen!!
Ich hab alles gehört! Die Heirat soll so schnell wie möglich über die Bühne gehen, also wollen sie weder eine Mitgift noch Kammermädchen, Leibwachen oder Waschfrauen aus unserem Reich ...!
Du sollst ganz allein ins Königreich E kommen ...!
So was nennt man keine Königin ...
... sondern eine Geisel!!

Das weiß ich doch ...
Aber ...
... wir können nicht ablehnen, da die Gefahr besteht, von E und deren Alliierten S gleichzeitig angegriffen zu werden.
E
B
F
S
Ich kann nicht mehr so leben, wie ich will.
Vielleicht werde ich Vater, Mutter und dieses Schloss nie wiedersehen.
Du ...
... hast also Angst ...
Ja ...!

Aber mir bleibt keine Wahl ...!

Verzeih ...
Du wirkst immer so erwachsen ...
... sodass ich völlig vergaß ...
... dass du erst 15 Jahre alt bist.
Hör zu, Alna.
Die Allianz zwischen den Königreichen E und S dürfte nur vorübergehend sein.
Beide Reiche sind eigensinnig genug, jederzeit miteinander Krieg anzufangen.
Sicher bekomme ich die Chance, dich aus E zu retten und hierher zurückzubringen ...!
Nein, ich **werde** dich retten!!

Und dann nehme ich dich zu meiner Frau ...!

Ich danke dir ...
Ich ...
... habe mich in dir getäuscht.
Ich dachte, du wärst nur so gut zu mir, weil du um die Zukunft deiner Familie besorgt wärst.
Ist schon gut.
Wir können Euch nur bis zur Landesgrenze eskortieren.
Danach müsst Ihr Euch auf das Kammermädchen verlassen, das Euch als einzige Eskorte erlaubt wurde.
GATAMM
GATAMM
GATAMM

Bitte kehrt unversehrt auf dieses Schloss zurück ...
... Prinzessin Alna!!

Das war der Beginn meiner Reise.
Ich betrachtete die Landschaft durch das Fenster der Kutsche.
カタ
GATAMM
Noch kannte ich weder die Freuden noch das Leid des Lebens.
カタ
GATAMM
カタ
GATAMM

Meine ganz persönliche Reise ...
... auf der sich ein Jahr wie zehn Jahre anfühlte.
Ed ...!
Eddy!
Edward!!

Das ist doch Kacke!!
Mensch!
Damit sollst du doch aufhören!!
Also wirklich!
Schluss jetzt!
Hah?
Das ist eine große Chance!!
Diese edlen Kleider haben wir extra für den heutigen Tag anfertigen lassen! Etwas eleganter bitte!
Bitte verspeise Exkremente.
Aufhören! So ein Scheißbruder!!

Wir Hughes dürfen uns um Lady Alnas leibliches Wohl kümmern!
Damit habe ich die Chance, bei Hofe als Zofe der Königin zu debütieren!
Und du, Ed, als ihr Hofmann und Vertrauter!
Keiner wird uns mehr als Adlige bezeichnen, die aus der Pampa kommen und nach Dorf riechen!!
Hoch leben ...
... die Hughes!!
AHA
HA
HA
HA
Sie ist zwar meine kleine Schwester, aber ich versteh sie kein bisschen ...

Vater wollte, dass wir Geschwister uns zuerst mit Lady Alna anfreunden, weil wir im gleichen Alter sind.
Ich kann so was nicht ab.
Lieber verbring ich meine Zeit mit Pferden als mit irgendwelchen Adligen.
Pst!
Mutter!
Lady Alna wartet!
TAPP
Begrüße sie anständig!
Wie sie wohl ist?

KRIIIEK
Die schöne und berühmte Prinzessin des Königreiches B ...
Ich lerne von ihr, schön zu sein ...!

Äh?!
Was für ein Mauer-blümchen!

Adeeeele!!
Was redest du da?! Das ist unverzeihlich!!
Aber Mutter! So eine graue Maus wird dem König nicht gefallen!
PRESS
Wenn sie als Königin nicht geliebt wird, wirft das auch ein schlechtes Licht auf uns und unsere Familie!! Wir müssen sie herausputzen!!
Das wird schon, wenn wir sie in genug Spitze hüllen!
Die Frauen in unserer Familie sind das Letzte ...
Das verbitte ich mir!
Lady Alna ist mit der Schönheit eines Gänseblümchens gesegnet und wurde vom König höchstpersönlich als seine künftige Königin auserwählt.

Eure Worte sind auch eine direkte Beleidigung gegenüber Seiner Majestät!

Blau ...?

... und wirkt beinah violett!
Nein, die Augenfarbe ist intensiver ...
W...
Wahnsinn! Mutter!! So einen schönen Mann habe ich noch nie gesehen!!
Reiß dich zusammen, Adele!! Obwohl ... ich auch nicht!!
Nicht doch ...
Ich bin eine Frau.

Ich bin hier, um Lady Alna auch in eurem Königreich zu beschützen.
Und wieso bist du wie ein Mann gekleidet ...?
Eine Frau?!
Ich habe in unserer Heimat eine verkürzte Ausbildung zur Ritterin absolviert.
Unhöflichkeiten gegenüber Lady Alna werde ich nicht dulden!
Sollte es dazu kommen ...
... werde ich, Ritterin Camilla, für ihre Ehre einstehen!
Aha ...

So ist es.
Ich werde als Camilla leben ...
... und Camilla ...
... wird meinen Platz als Alna einnehmen.
Wir werden im Königreich E überleben!
»Meine Tochter ...«
»Du wirst Camilla als dein Kammermädchen mitnehmen.«
»Sie mag von der Zweigfamilie abstammen, aber ihr seid blutsverwandt. Ihr habt das gleiche silberne Haar und die gleichen blauen Augen.«

»Nutze sie als deine Doppelgängerin.«
Auf dem Weg hierher sahen wir die aufgehängten Leichname ...
... von Geistlichen.
Wie kann man nur die Diener Gottes hängen?
Irgendwas geht im Königreich E nicht mit rechten Dingen zu ...

»Ich kann mir nicht vorstellen, dass das Königreich E für immer die Füße stillhalten wird.«
»Gerade sind mir die Hände gebunden, aber ich habe nicht vor, dich wie eine Bauernfigur zu opfern.«
»Ihr müsst überleben!«
»Ich werde dich retten ...!«

Johann ... ich werde zurückkommen, wie viele Jahre es auch immer dauern möge!
Uh ...
Uh ...
Ich habe Angst ... Was, wenn auffliegt, dass wir getauscht haben?!
Weine nicht, Camilla.
Vermutlich sollte ich genau solche Angst haben wie sie.

In diesem Land lässt man die Leichen von Geistlichen nahe der Hauptstadt hängen.
Wenn rauskommt, dass die Königin den König getäuscht hat ...
... wäre das ihr Todesurteil.
Camilla ...
... ich werde dich um jeden Preis beschützen!
L...
Lady Alna ...
TRÄN
SWUSCH
Auf jeden Fall, ja?! Wenn Ihr mich im Stich lasst, werde ich Eure Familie verfluchen!!
Wir sind doch eine Familie, Camilla ...
Uwäääh!!

Ich frage mich, warum bei mir die Tränen versiegen, wenn ich andere weinen sehe ...
Sicher bin ich nicht gefühllos, sondern beherrscht. Das ist wichtig, um zu überleben.
Zumindest hoffe ich, dass es das ist.
N... Nanu ...?
War ich hier nicht vorhin schon?
Ich hätte nicht herumlaufen sollen, solange ich mich hier nicht auskenne ...
Da ist jemand!

TAPP
Ich frag mal nach dem Weg ...
FUMP

Eine Frau?
Wer ... bist du ...?!
Wer ich bin?! Das sollte ich dich fragen!
GRIP
Ugh...
Ein Dieb?!
Wie siehst du denn aus?

Bist du eine Ketzerin?

Sieh an ...
... violette Augen?
Wie ungewöhnlich.
Runter von mir!!
Hm?
Keine Lust.
Ich würde gern wissen, ob du unter dieser Tunika auch wirklich eine Frau bist.
SCHÜTTEL
SCHÜTTEL
Hnngh ...!!
Hm?

Du wehrst dich ja gar nicht richtig ...
Tu ich wohl! Du Abschaum ...!
Nein ...
... tust du nicht.
So was ...
... erkenne ich.
Du hast ein Leben geführt, in dem dir immer jemand zu Hilfe kam, ohne dass du dich abstrampeln musstest, oder?
Von oben herab dachtest du, dass alles immer irgendwie werden würde.
Du hast noch nie verzweifelt um dein Leben gekämpft, oder?

HUST
Kh...
Hah ...!
HUST
Hah!
HUST
Du bist meine Zeit nicht wert.
GENERVT
HUST
V... Von so einem ...
... Abschaum wie dir ...!
»... lässt du dich nicht beleidigen«?
Du wurdest wie ein Püppchen behütet, oder?

Eine leere Puppe, die Gefühllosigkeit mit Gemütsruhe verwechselt.
Aber freu dich ...
HUST
Dieses Land ist die Hölle!
Hier wirst du allen möglichen Dämonen begegnen.
Sie werden auf dir herumtrampeln, dich zum Narren halten und dazu zwingen, trotzdem standzuhalten, egal ob du willst oder nicht.

STRAAAAHL
Endlich! Endlich wurde ich ins Schloss des Königs eingeladen!!
Mein Debüt bei Hofe!
Nicht du wurdest eingeladen ...
Aber ...
Dieses Land ist wirklich mächtig ...
... und das Schloss beeindruckend.

»Es ist die Hölle.«
GEREIZT
Egal, wen ich gefragt hab, niemand scheint diesen Mann zu kennen.
Vielleicht war er selbst ein Dämon?!
Bitte wartet hier.
Die Königinnen werden bald hier sein.
Hä?
Was?
Ich bin doch die Königin ...?
Oder eher Camilla ...
Was soll das ...?

KLING
KLING
KLING
Zwei, drei, vier ...
Zofen? Nein, dafür bewegen sie sich zu ele- gant ...
Oder ist die Braut aus dem Königreich S doch nicht tot?

KLING
KLING
KLING
Da ist ja die Neue!
Hi hi hi!
Was ist das für ein Haarschmuck? Trägt man das so im Königreich B? Wie altmodisch!
Was hat das zu bedeuten?!
Bewundernswert, wie wenig Geschmack sie hat!

Wie das riecht ... Bringt ihr Rosenwasser!
Ähm ...
Um ehrlich zu sein ...
Das ist die Hölle.
Verzeiht die Nachfrage, aber welche der Damen ist die Königin ...?

Oh nein, sie ist so überwältigt, dass sie keinen Ton rausbekommt!
Ihre Ärmel sind ja länger als meine! Wie anmaßend!
...?
Eine Kampfarena ...
... für hübsche, eingesperrte Harpyien.

Kapitel 2

Lebe, stirb oder liebe ruhig.

Willkommen bei Hofe, Lady Alna!
Wie gefällt Euch das Königreich E?
W...
Wie ...?
Was soll man dazu sagen ...?!

Was zum Hen-ker ...
... ist hier nur los?!
Hach ...
... wie scha-de ...
Ich erkläre Euch mal, wie es hier im König-reich E läuft.

Ich bin Ann!
Die Königin von E.
Pah!
Ich bin die Königin!!
Hi hi hi!
Ich bin auch die Königin! ♥
Ich ... eigentlich auch ...
Nein, ich bin die Königin!!
Versteht Ihr jetzt?
ZITTER
ZITTER
ZITTER
Ich versteh gar nichts!!

Außer mir gibt es noch fünf weitere Frauen, die sich selbst als Königin bezeichnen?!
...
Verzeiht ...
... aber Lady Alna wurde offiziell als künftige Braut des Königs ins Königreich E eingeladen.
Wer seid dann Ihr ...?
Schweig!

CHLING
Sprich nicht ohne Erlaubnis, du Page!
Macht man das so im Königreich B?
Wenn es Beschwerden gibt, dann sollte sie ...
... diese armselige Frau aus B selbst vorbringen.
ZUCK
Ah ...
Ah ...
Ah ...
Unmöglich!

Sie hat zwar mit mir getauscht und ist nun Alna, aber eine eingeschüchterte Camilla kann sich nicht wie ein Mitglied der Königsfamilie benehmen.
Aber wenn ich diese Frauen in meiner jetzigen Position vor den Kopf stoße, könnte mich das mein Leben kosten.
GNNGH
Ah …

Lady Alna spricht die Sprache des Königreichs E noch nicht fließend.
Natürlich kann sie eine Konversation führen, aber sie schämt sich für ihre nicht ausreichenden Sprachkenntnisse.
Darum bitte ich um Erlaubnis, an ihrer statt zu sprechen.
Ach, so ist das?
Waha ha ha!
Wie unziemlich!
Pah ...

Als Kind der Königsfamilie versteht es sich von selbst, mehrere Sprachen fließend zu sprechen.
Das Königreich B ist eben doch nur drittklassig.
NERV
...
Ich bitte um Verzeihung.
WPP
Du hast ein sehr hübsches Gesicht, Püppchen.

Das silberne Haar und diese mysteriösen, blauen Augen ...
... sind alles Zeichen der Königsfamilie von B, die auf ihre Schönheit stolz sein soll.
POCH
Ihr habt recht.
Lady Alna?!
Vor einer solch klugen Frau wie Euch brauchen wir es nicht zu verstecken.
Ich gehöre der Königsfamilie des Königreichs B an.

Allerdings ...
... liegen diese Bande in ferner Vergangenheit.
Möge meine Herkunft für andere auch schön erscheinen, für mich hat sie keinerlei Bedeutung.
TOCK
Meine einzige Aufgabe ...
... ist der Schutz meiner Herrin.

Lady Alna ...
Lady Alna!!
BLUUUSH
Toll ...
Wie in einem Roman ...
SCHWÄÄÄRM
Närrin! Das ist eine Frau!
Was ...?! Eine Frau?!
Was soll's.
Wenn sie als Mann verklei-det herumläuft, dürfte sie Seine Majestät nicht verführen.
Dass dieses andere Weib so armselig wirkt, kommt uns ebenso gelegen.

Es tut mir so leid ...
... dass Ihr vor mir knien müsst!
LÄCHEL
Schon gut!
Ich sagte doch, ich beschütze dich!
Lass uns am Ende gemeinsam nach Hause zurückkehren ...
... ins Königreich B!
Dürfte ich mit meiner Erklärung fortfahren?

J...
Ja!
Ich bitte darum!
WEND
Dürfte ich, Lady Katharin?
Macht, was Ihr wollt.
Katharin ...?
Ja! Erkennst du es an ihrem Namen?
Lady Katharin ist die Prinzessin des Königreichs S.
Sie kam als Gemahlin Königs Henry hierher.
Doch dann verstarb König Henry plötzlich, womit alles seinen Anfang nahm ...

Sein jüngerer Bruder folgte ihm auf den Thron ...
... und wollte Lady Katharin auch zu seiner Königin machen, um die Allianz zum Königreich S weiterhin zu stärken.
Doch ...
... die Kirche war dagegen.
Wie Ihr wisst, kann man ohne Zustimmung der Kirche offiziell nicht heiraten.
Da Lady Katharin die Schwägerin Seiner Majestät war, sieht die Kirche das als Inzest an und verbietet die Eheschließung.
Seine Majestät lehnte sich vergeblich dagegen auf. Doch nicht allzu lang kann er ohne Königin bleiben.
Also wurde ich, eine Adlige dieses Königreichs, als nächste Kandidatin auserwählt.

Mich haben sie aber auch aus fadenscheinigen Gründen abgelehnt.
Oh ja! ♡
So auch sie, die als Nächste ausgewählt wurde ...
Und auch sie ...
... und sie.
Als Letzte wurdet schließlich Ihr auserwählt ...
... Prinzessin Alna aus dem Königreich B.
Bisher hat die Kirche keine von uns anerkannt.

Aber irgendwann müssen sie eine von uns akzeptieren ... und das werden sie auch.
Allerdings nur eine von uns.
Prinzessin Alna des Königreichs B ...
... willkommen im Überlebenskampf um den Platz der Königin!

Mein ...
... König ...!
LEHN
Lasst uns spiiieeelen! ♪

*Eine mittelalterliche Form des Vergnügens, bei der Bären gequält wurden.

Bist du zufrieden mit deinen Reisen?
Hm?
Na ja, ich bin viel herumgekommen ...
Ich hab viel Schlimmes gesehen ...
Tote, Leichname, noch mehr Leichen und Dreck.
Dieses Land ...
... ist verdorben.
Trotzdem ...
... bist du zurückgekehrt.
Tja.
DRÜÜÜCK

Das hier ist unser Königreich, auch wenn es nach einem fauligen Höllenschlund riecht.
Einen anderen Glück verheißenden Ort gibt es für uns nicht.
Das Paradies ...
... ist etwas, das man nicht suchen und finden, sondern selbst erschaffen muss.

Du warst lange weg ...
Willkommen zurück, Arthur.
So ein Blödsinn!
TOCK
Von wegen »überlebenskampf«!!
TOCK
Der hiesige König hat nicht mal seine Frauen im Griff!
TOCK
Oje, sie ist erbost ...
Dieser König ist ein Taugenichts!
Sag doch nicht so was.

Er ist erst vor einem Jahr König geworden ...
... und hat viel zu viel zu tun, um sich um die Frauen zu kümmern.
So sehen wir uns wieder ...
... Violet.
Du Mistkerl ...!

Komm runter, du Unhold!!
Hä? Nein, du bist gruselig!
Spar dir das! Und was heißt hier »Violet«?!
Du hast mir deinen Namen ja nicht verraten.
Wer würde so einem Grobian seinen Namen nennen?!
Also wirklich!
Hach, was für eine herrische Frau du doch bist ...
Was?
Ich?!
Lady Alna kann also auch laut werden ...
GRINS
Ich fass es nicht! Er regt mich so auf!!
Wer ist er überhaupt?!
GEREIZT

Reg dich nicht so auf.
Ich habe eine Nachricht von unserem vielbeschäftig-ten König.
Bald soll ein Bankett stattfinden, um Lady Alna willkommen zu heißen.
Ihr zwei da hinten seid ihre Diener aus der Familie der Hughes, richtig?
J...
Ja! Mein Name ist Adele!
Ihr seid ja auch neu hier einge-troffen.
Wir werden jemanden be-reitstellen, der euch in den Hofmanieren unterrichten wird ...
Das war's.
Hey!

Du bist also so arrogant ...
... weil du ein Vertrauter des Königs bist?
Dann solltest du dich was schämen!
Du profitierst einzig von seiner Macht ...
... und bist nur ein niedriger Beamter!
Hm?
Aha ha ha ha!! Dass ich nicht lache!
Was ist dann mit dir?
L... Lady Alna ...!!
Königin? Prinzessin?
Nein, nur ein einfacher Begleiter!

Du freches Weib!
Du niederer Kerl!

Gyaaaah!!
Ach ...
... das ...
... tut mir leid ...
Wie kann man sich gegenüber einem Vertrauten des Königs so benehmen!
Nein! Ich kann das nicht fassen!
Das war's mit dem Hofdebüt der Hughes!!
Du verstehst nichts! Gar nichts!
GRRR
Der Kampf unter den Königinnen wird auch nicht einfach nur unter den Frauen ausgetragen!

Handel ...
Diplomatische Beziehungen ...
Militär ...
Adel ...
Jede Kandidatin bringt irgendwelche Vorteile mit sich.
Demnach wird die Heirat des Königs ...
... auch die Zukunft unseres Landes bestimmen.

Lady Alna, Ihr seid sicherlich auch hier, um eine Allianz zwischen den Königreichen E und B zu ermöglichen.
Sie ist ...
... viel gescheiter, als ich dachte ...
Und sie hat recht. Darum kann ich trotz dieser Entwicklungen auch nicht einfach in meine Heimat zurückkehren.
Lady Alna!!
Wenn Ihr die Königin werdet, dann werden auch wir Hughes mit einem Mal im Rang aufsteigen!
Schleicht Euch einfach ins Schlafzimmer des Königs und macht Nägel mit Köpfen!
Bindet ihn in doppelter Hinsicht an euch!!
Gehe he!
He he!
Sie ist gescheit und vulgär!
Hey!

Fräulein Violet ...
Hah?!
Fräulein ...?!
Tut mir leid, ich hab deinen Namen auch vergessen.
Aber deine Augen sind ja violett, da kann man sich das leichter merken. Passt doch?
Nein ...?!
Pass auf den Blondschopf auf.
Kennst du ihn etwa?
Du kennst diesen gutaussehenden Mann, Edward?!
Oooh!
Ich dachte, deine Freunde wären alle Pferde oder sähen aus wie welche ...!
Mit Verlaub, darf ich dir eine reinhauen, Adele?

Ich hab ihn schon mal irgendwo gesehen.
Und ich würde niemals einen verwöhnten reichen Schnösel kennenlernen, der ein Vertrauter des Königs ist.
Aber ...
Er ist sicher mehr als nur ein reicher Schnösel.

»Wie gefällt Euch das Königreich E?«
Wenn ich dieses Königreich mit einem Wort beschreiben müsste, dann wäre es: Chaos!
Die Leute, das Land, alles ist verrückt!
Etwa ...
... weil der König erst vor Kurzem gekrönt wurde?
Ihr seid spät dran!!

ZUCK
Was soll das?!
Seht Ihr auf mich herab?!
5. Königin: Lizzy
Keines-wegs.
Wir hörten zwar, dass wir in der hiesi-gen Etikette unterrichtet werden soll-ten ...
... aber von einer Königin ...
Hah?

Macht so was nicht die älteste Hofdame?
ZORNIG
Ich mache das auf Anweisung Seiner Majestät, also keine Beschwerden!
Uwah ... Schlimmer hätte es nicht kommen können ...
Ach so?
Was ist?!
Lästert Ihr über mich?!
KNIRSCH
Scheiße!
Keineswegs!
Ist die neeervig!
Und ...
... dann ...

Bei der Feier reiht man sich nach seinem Rang bei Hofe ein, einfach so, swusch ...
... und einen Tanz gibt es auch, also verteilen wir uns einfach so, federleicht ...
Verstanden?!
Ich versteh rein gar nichts ...!!
Bin ich erledigt ...
Ich bin die Königin! Ihr solltet mehr Rücksicht üben und mir dankbarer sein!
Und ...
Lady Alna, richtig?
Ja ...
Die Ärmel Eures Kleides sind zu lang!

Keine Ahnung, ob Ihr in Königreich B eine Prinzessin oder sonst was wart, aber hierher kamt Ihr nach mir, also steht Ihr im Rang auch unter mir!
Ja …
Ihr dürft Euer Haar auch nicht höher stecken als ich!
Tragt weniger Spitze als ich!!
GENERVT
Und sucht die Farbe Eures Kleides für die Feier erst aus, wenn ich meine bereits gewählt habe!!
Verzeiht …
… aber geht man nach Eurem ursprünglichen Rang, dann steht Lady Alna weit über Euch, Lady Lizzy.
BLUSH

Hast du was gesagt?!
Nein ...
... ich habe sicher nicht gesagt, dass Ihr nur die Tochter eines neureichen Lehnsherrn seid, der mit Wollstoffen reich geworden ist.
Lady Alna!!
Wie erzieht Ihr denn Eure Kammermädchen?!
Ihr steht im Rang doch unter mir!! Richtig?!
Ah ...
Äh ...
Aber wenn ich das zugebe ...
... dann beleidige ich Lady Alna ...!
Hnngh ...
Ihr habt völlig recht, Lady Lizzy.

Als fünfte Königin steht Ihr im Rang natürlich höher.
Dessen ist sich Lady Alna selbstverständlich bewusst.
Im Königreich B hat sie fünf ältere Brüder und fünf ältere Schwestern, sodass die Rangfolge sehr streng eingehalten wurde.
Ahaha!
Andernfalls wäre jedes Bankett in reinstes Chaos ausgeartet.

Die Kragenweite, die Größe der Handschuhe, die Farbe der Garderobe. Es ist nicht ungewöhnlich, dass all das für sie bereits vorab bestimmt wurde.
A...
Ach so ...?
Ach so ...?
Darum möchte ich Euch bitten ...
FFFT
... Lady Lizzy, so gütig zu sein ...
... Lady Alna auch weiterhin anzuleiten.

*Beiname von Edward of Woodstock

**Bezeichnung für Marie-Antoinette von Österreich-Lothringen

Ich hab den Unterricht in Etikette oft geschwänzt und stattdessen mit dem Schwert trainiert ...
Ich und anmutig?
Würdet Ihr bitte schon auf Euer Gemach gehen?
J...
Ja ...
TOCK TOCK
TOCK
Habe ich richtig verstanden, dass Ihr mich sehen wolltet ...

... Lady Ann?
Aber ja! ♡
2. Königin: Ann
Eine Königin ...
... ganz allein unterwegs?
Ich wollte dich im Vertrauen sprechen.
Als treue Vasallin wirst du mein Anliegen doch Lady Alna überbringen?
Jawohl.
Lizzy ...
... war Lady Alna gegenüber ganz schön unhöflich, oder?

FAUCH
FAUCH
Nein, keines-wegs ...
Nicht so wie dieser blonde Rotz-bengel!
Schon gut, du musst sie nicht decken.
Muaha ha ha! Du bist so frech!
Sie war mal meine Zofe.
Ihre Familie hat Vermögen, aber keinen Titel ... Ihr Rang ist also nicht sonderlich hoch.
Ach ja, so was in der Rich-tung hat Adele auch erwähnt ...

Es kommt doch oft vor, dass einflussreiche Lehnsherren ihre Töchter als Kammermädchen an den Hof schicken, um Prestige zu gewinnen.
Aber ihre Familie hat letztes Jahr unglaublich hohe Einnahmen erzielt ...
... was denjenigen aufgefallen ist, die gern die nächste Königin stellen wollen.
Von uns Anwärterinnen ist sie die jüngste und vom niedrigsten Rang.
Bestimmt hat es ihr Angst eingejagt, dass Prinzessin Alna sich nun dazugesellt hat.
Wenn ich fragen dürfte ... warum Ihr ...
Bitte verzeiht ihr Benehmen ...
Lady Ann ...
Ich?

Nun ja ... ich kann einfach nicht anders.
Sie war mein Kammermädchen und ist nun eine Königinnenanwärterin. Vielleicht hat sie aus dem Grund Gewissensbisse und kann mich deshalb nicht ansehen.
Wenn die Streitigkeiten unter uns Königinnen andauern ...
... wird das kein gutes Licht auf Seine Majestät werfen.
Aufgrund unserer Position können wir einander nicht helfen ...
... aber wir könnten zumindest friedlich miteinander umgehen.
Ist das ...
... ein seltsamer Wunsch?

Nein ...
Ich finde ihn wundervoll.
Was grinst du so?

Ich ... habe etwas Schönes erlebt.
Meint Ihr mich?
Ja! Das sieht seltsam aus!!
Seltsam seid wohl Ihr, Lady Lizzy.
Anscheinend kennt sich Violet bestens mit der Hofetikette aus. Wir brauchen Euren Unterricht gar nicht, oder?
Halt dich da raus!
Niemand will dich mit deinem kurzen Pony sehen!
Mein Pony? Zu kurz?!
Und du gehörst doch zu der neureichen Adelsfamilie der Hughes!
Sich aber über mich lustig machen wollen, was?!
GRRRR
Immerhin gehören wir zum Adel ...!

Die beiden ...
... sind sich ziemlich ähnlich.
Lady Alna!
Steht bitte nicht einfach nur so herum!
Beim nächsten Bankett müsst Ihr auffallen und all die anderen Königinnen ausstechen (vor allem diese neureiche)!!
Ich hab das mit der Neureichen gehört!
Ach ...
Nicht doch ...

Genau!
Das ist die richtige Einstel-lung.
Ihr solltet die Rangfol-ge unbedingt beachten und nicht mehr auffallen als ich!
Und vor allem nicht versuchen, dem König schöne Augen zu machen!
Natür-lich.
Es könnte uns das Le-ben kosten, wenn sie auffällt und man raus-kriegt, wer wir sind ...
Ich will gar nicht riskieren, als seine Gemahlin auserwählt zu werden und für im-mer in diesem furcht-erregenden Land blei-ben zu müssen! Nein! Niemals!!

Dann will ich mal diese Einstellung würdigen und Euch beim Tanz den Vortritt lassen, Lady Alna!
Beim Tanz?
Warum das?
SCHMOLL
Weil mich eh keiner fragt ...
Ich habe kaum Bekannte hier bei Hofe ...
Die Adligen kennen sich alle bereits seit langer Zeit.
Da ist kein Platz für mich ...

Verstehe ...
Sie ist sehr einsam.
Dann habt Ihr Lady Alna zu Euch bestellt, weil sich sonst niemand mit Euch abgibt?
Und sie muss immer gleich die Wahrheit sagen!
Was soll das denn?!
Waaas?!
Waaas?!
Waaas?!
BLUSH
Nur, damit das klar ist! Wenn ich nicht bei Hofe bin, bekomme ich genug Einladungen zum Tanz!

Ihr macht Euch darüber lustig, aber es ist was Besonderes, wenn das Lehnsgut reich ist!
Ich werde von unseren Leuten bewundert!
Darum möchte ich ...
... Königin werden und meinem Vater einen Adelstitel schenken.
Jeder von uns ...
... hat seine Geschichte ...
... und seine Beweggründe.

Auch wenn wir einander nicht helfen können ...
Würdet Ihr mir dann einen Tanz schenken?
... können wir wenigstens friedlich miteinander umgehen.
Auch wenn ich leider eine Frau bin.

Wenn du willst?
Eins ...
Zwei ...
Drei ...
Eins ...
Zwei ...
Drei ...

Du ...
... bewegst dich sehr elegant!
Das kommt vom Schwertkampftraining.
In meiner Heimat gibt es auch einen guten Tänzer.
Er ist ein langweiliger Mann, keineswegs so schön wie du ...
... aber ich habe es geliebt, mit ihm zu tanzen.
Er hat mich wie eine Göttin behandelt.
Das vermisse ich ...

Gab es für dich auch so jemanden?
»Alna!«
Tja ...
... wer weiß ...

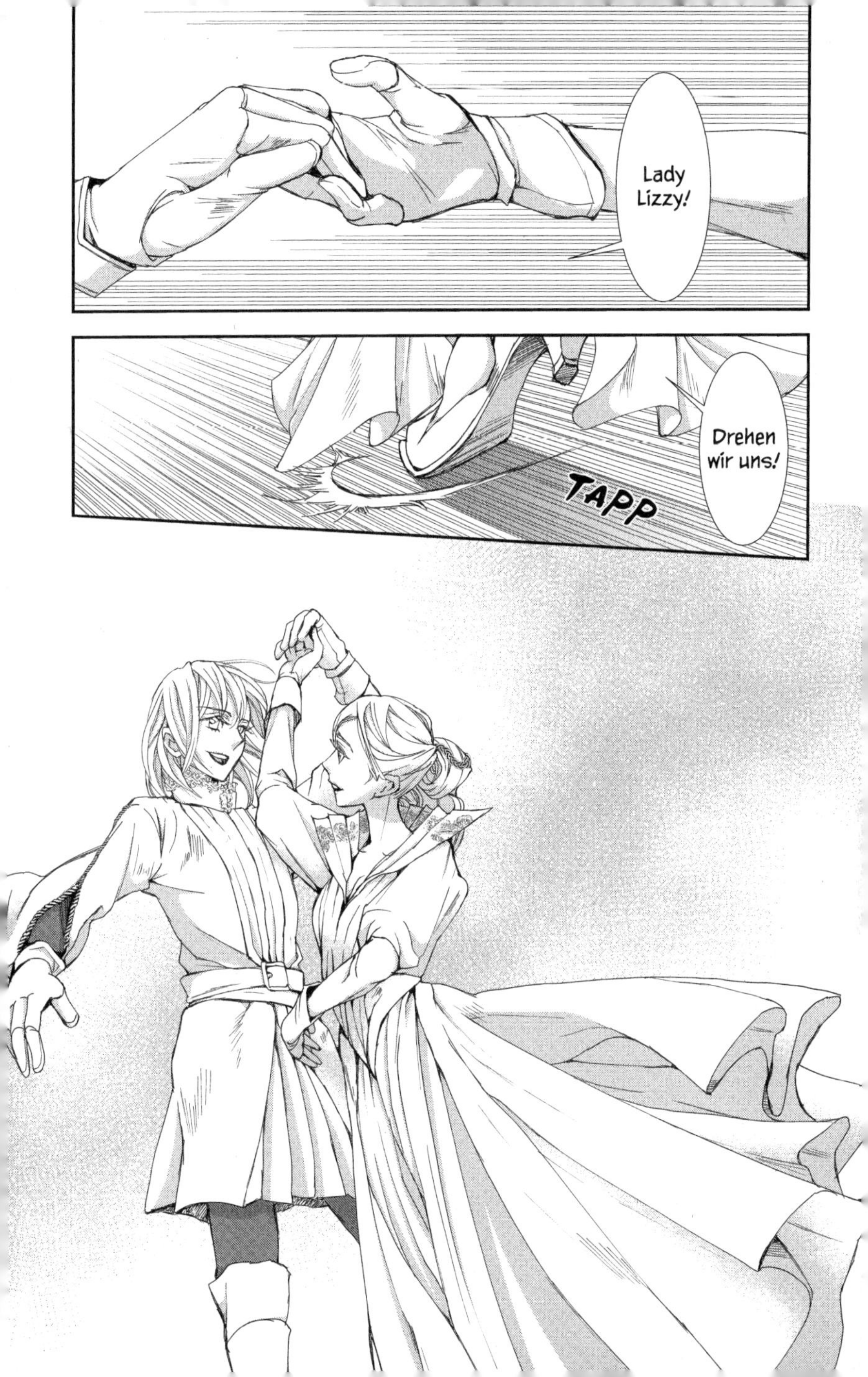
Lady Lizzy!
Drehen wir uns!
TAPP

Aha ha ha ha!
Wir sollten uns weder hassen noch bekämpfen ...

... sondern einfach nur fried-lich unser Leben genießen.
Aha ha ha!
Lizzy scheint Spaß zu haben ...
Ihr werdet es vielleicht nicht verste-hen, aber ich möchte auch nicht kämp-fen.
Für mich seid ihr wie dieser klei-ne, zarte Schmetter-ling ...

... und dieses Gewürm gehört zerquetscht!
PTSCH
Ugh, dieser Abschaum!

Kapitel 3
Das geht doch nicht!!
Ich mochte emotionale Menschen noch nie.

Ich trage bereits Saphirohrringe!
Das könnt Ihr nicht benutzen!!
5. Königin: Lizzy
Wir haben Euch bereits die erste Farbwahl des Kleides überlassen!!
Aber den Saphir haben wir Hughes passend zu Lady Alnas Augenfarbe ausgesucht und herangeschafft!
Der war teuer!!
Das Bankett soll schließlich dazu dienen, Lady Alna willkommen zu heißen!!
Wie sprichst du mit einer Königin?! Du und dein gerader Pony seid eine Unverschämtheit!!
...
ZETER
...
Und Ihr seid die Königin von Mimimi!!
KEIF
ZETER

Violet!!
Ja?
Wie denkst du über den Saphir ...?! Das ist sehr wichtig!!
Das wird Lady Alnas Debüt!! Sie sollte an erster Stelle stehen!!
Ja ...
... das ...
Das ist mir ja ...
... so was von egaaal!!

Das …
Mir fällt es schwer, meine Gefühle zu zeigen.
… liegt sicher auch daran, dass ich meine neun älteren Geschwister stets beobachtet habe.
Und eine Stimme flüsterte mir zu, alles sei egal. Und dass es sich nicht gehört, einfach zu lachen und zu weinen, wenn einem gerade danach ist.
Egal wo und bei wem ich war …
… stand ich immer irgendwie neben mir.

Mit meinen 15 Jahren habe ich noch nichts im Leben ...
... das mir wirklich wichtig wäre.
Camilla.
Keine Sorge, wir werden uns bei der Party so benehmen, dass unser Rollentausch nicht auffliegt.
(spricht in ihrer Landessprache)
Lady Alna ...
Zum Glück scheint sich der hiesige König nicht weiter für »Alna« zu interessieren.
Wenn wir uns im Hintergrund halten, werden die anderen Königinnen vorpreschen und zu unserem Schutzschild werden.
Ich!
Ich!
Sei unauffällig.

Unauffällig und reizlos wie ein Fleck an der Wand!
Sprich mich nicht an!
Sprich mich nicht an!
Sprich mich nicht an!
Sprich mich nicht an!
Ein ... »Fleck«?
Ja, ein Fleck.
Du kannst zu einem wundervollen Fleck werden.
Lady Alna lobt mich ...
Hm ...? Das ... ist doch ... ein Lob, oder? Na ja, was soll's ...
Violet!

Sag Lady Alna, dass Saphire tabu sind!
Nein, tu das nicht!!
Spricht die Landessprache des Königreichs E angeblich nicht so gut
A...
Also ...
Saphire sind tabu, aber Amethyste wären in Ordnung ...
Wir haben sehr schöne zu Hause, also kann ich Lady Alna welche schenken!!
Das ist doch nicht nötig.
I... Ich bin nicht kleinlich oder geizig, klar?! Euch erwartet viel Gutes, wenn ihr zu mir kommt!!
Selbstverständlich.

Edelsteine sind nicht nötig. Eure Freundschaft, Lady Lizzy, ist der größte Schatz für Lady Alna, die gerade erst hierhergekommen ist.
Habt vielen Dank!
STRAAAHL
Zusammen mit »Alna« gab es sechs Königinnenanwärterinnen.
Ich war damals 15 und selbst aus meiner Sicht war die 14-jährige Lizzy noch sehr jung. Ich konnte ihr nicht einmal sagen, dass sie eine angemessene Königinnenanwärterin wäre, um ihr zu schmeicheln.

Aber ...
... ich habe sie nicht gehasst.
Violet.
Entschuldige, dass ich dich erneut aufhalte.
2. Königin: Ann
Ihr habt wieder keine Kammermädchen bei Euch?
Würde ich in großer Gruppe hier aufkreuzen, würde das Lizzy stressen.
Sie scheint Angst vor mir zu haben.

Sie ist wirklich noch ein Kind ...
Ein Landei, das keine Bekannten am Hofe hat.
Und dann wurde sie plötzlich zur fünften Königin ... kein Wunder, dass das großen Neid nach sich zieht.
Hier ...
Könntest du den Lizzy geben, ohne mich dabei zu erwähnen?
Aber ... wenn der an eine Königin adressiert ist, sollte er vom Beamten für königliche Dokumente gegengeprüft werden ...

Der Brief kommt aus der Provinz, aus Lizzys Heimat.
Sicher ist er sehr privat und kommt von einer arglosen Freundin.
Er wurde nicht einmal über ihre Familie, sondern an meine geschickt, um ihn direkt an sie weiterzuleiten.
Auch wenn sie nur dem Namen nach eine Königin ist ... werden sogar all ihre Briefe gelesen.
Dabei geht es sicher nur darum, welche Spitze und welche Schleifen derzeit in Mode sind ...
Ha ha ...
Wir dürfen aber nicht den Eindruck entstehen lassen, diese Briefe seien irgendwie »geheim«.
Ich kann ihn nicht annehmen ...
Das geht schon! Wäre doch schade, wenn der direkt wieder abgelehnt würde.
Lizzy hat sicher Heimweh und das könnte helfen ... na?

Mist! »Alna« hätte ablehnen dürfen, aber als Violet habe ich nicht das Recht dazu.
Und es wäre wirklich schade drum.
Hier!
Jetzt schau nicht so finster!
FWUPP
Hyah!
Hi hi hi!
Jetzt steckt der Brief in deinem Ärmel!
...
Ihr lasst mir keine andere Wahl ...

Sechs Königinnen kämpfen um den Platz, der nur einer von ihnen zuteilwerden kann.
Mir scheint, als würdet Ihr Euch von den anderen unterscheiden, Lady Ann.
Ihr nehmt auf die anderen Rücksicht ...
So toll bin ich auch wieder nicht.
Sieh mich an, Violet.
Mein Haar ist brünett ...
... und meine Augen dunkel.

Sonnengleiches Blond ...
... grüne Augen ...
... und eine große, milchfarbene Brust ...
So sieht meine ältere Schwester aus.
Die Traumfrau jeden Mannes.
Ich habe von klein auf dabei zugesehen, wie sehr sich meine Eltern wegen ihr freuten und wie sie sie förderten.
Niemand hat sich um die Leseratte Ann mit der großen Stirn und dem fiesen Blick gekümmert.
Es ging mir in Fleisch und Blut über, meine Umgebung zu beobachten und rauszufinden, was meine Stärke sein könnte.

Lady Ann ...
Ich glaube nicht, dass Euer Charme dem Eurer Schwester in irgendeiner Weise nachsteht.
Hi hi ... danke dir.
Aber was ist mit dir?
Bitte?
Du bist wunderschön, trägst dein Haar aber kurz und die Kleidung eines Mannes.
Nun ja ...
Stimmt, Camilla hat auch geweint, als sie mich das erste Mal so gesehen hat.
Oh nein, Lady Alna, Euer Haar ...!!
Mein Kopf fühlt sich leichter an und ohne Korsett ist es viel angenehmer.
So ist es viel besser.
Mein Aussehen ist für meine Pflichten nicht wichtig.

Ah ja ...
Wie töricht.
Hab ich sie ...
... irgendwie verärgert ...?
Was willst du?

Starr mich nicht so an! Ich hab zu tun, du Schnösel!
Aha ...
So siehst du aber nicht aus.
Ich bin damit beschäftigt, mit geschlossenen Augen Schafe zu zählen! Lass mich in Ruhe!
Ich bin als Leibwächter in Bereitschaft ...
... bis die Frauen von Königin Lizzy wiederkommen.
GÄHN
Dafür gibt es den Warteraum im Palast.
WUPP
Pah!

Du meinst diesen auf Hochglanz polierten Warteraum des Adels?
Die tragen alle weiße Schminke und stinkendes Parfüm! Und das wollen Männer sein? Davon tut einem die Nase weh!
Hah!
Wäre ich ein Hund, wäre ich direkt tot umgefallen.
Was für ein freches Mundwerk ...
Du bist Edward von den Hughes ...
... benimmst dich aber nicht wie ein Adliger.
Du doch auch nicht.
KRATZ
KRATZ
Hm?
Ich hab dich im Norden gesehen.

Im Kampf gegen die Barbaren.
Kein normaler reicher Schnösel zieht in solch eine Schlacht.
Dort gibt es weder Ruhm ...
... Ehre ...
... noch andere Belohnungen.
Die Barbaren hassen uns schließlich bis aufs Blut.
Lösegeld ist da keine Option.
Man tötet oder man wird getötet.
Ein reicher Lackaffe würde sich dort niemals aus dem Zelt trauen.
Sag ...

Wer bist du?

RASCHEL
Mein Name ist Arthur.
Ich verfolge ...
... jage ...
... und töte die Feinde dieses Königreichs.
Edward von den Hughes ...
Du bist ein Schatz, der noch nicht in die dreckigen Hände des Adels gefallen ist.

Werde zu meinem Jagdhund!
Mach mich zu deinem einzigen Herren und gehorche nur noch meinen Befehlen!
KNIRSCH
Ich ...
... wäre es wert.

Ed-
ward!!
Wir sind
zurück.
Gehen
wir.
STARR
Ich war
gerade dabei,
ihn für mich
zu gewinnen.
Stört uns
nicht!
SST
Wie
primi-
tiv.
Klappe
...!

Mich interessiert überhaupt nicht, was du machst, egal ob du nun Kühe oder Pferde für dich zu gewinnen versuchst.
Bleib mir einfach aus den Augen.
Hey! Stell mich nicht wie einen komischen Kerl da!
Außerdem ...
... kannst du das vergessen.
Solange wir im Palast sind, werden wir uns sogar noch öfter begegnen.
Kühe und Pferde seien mal dahingestellt, aber hier gibt es auch Füchsinnen, die es auf mich abgesehen haben.
Hat er mich etwa durchschaut ...?!
SCHAUDER

Nein ...
Ich muss Ruhe bewahren!
Es wäre viel dümmer, sich jetzt aus Angst zu verraten.
Dennoch mag ich seinen Blick nicht, der wirkt, als würde er alles durchschauen.
Was ist? Wenn du was zu sagen hast, dann sag es nur ...
Ich will nichts Unnötiges sagen.
... Violet.
Ich muss nur ruhig bleiben.
Schnauze, Scheißkerl!

Viiioooleeet!!
Jetzt hast du den Vertrauten des Königs schon zweimal beleidigt!!
SCHÜTTEL
Waaaah!!
Tut mir leid!
Tut mir wirklich leid, Adele!
SCHÜTTEL
Wo hast du solch ein Schimpfwort überhaupt her ...?!
Ach ... ... das hab ich von hier ...
Edward sagte ...
Die Schweine hier werden mit lokalem Futter gemästet, darum schmeckt es hier an den Buden so gut.
Die aus dem Palast sind ungenießbar! Einfach totale Scheiße!
»Totale Scheiße«, verstehe.

Darum sag ich dir immer und immer wieder, dass du dich nicht wie ein grober Provinzler aufführen sollst, du Scheißbruder!!
Du bist nicht viel besser ...
Lady Alna ...
Gibt es ein Problem?
Lady Lizzys Eigenarten nehmt Ihr so gelassen hin, aber bei diesem Mann seid Ihr einfach nicht Ihr selbst.
Das ...
... kann sein ...
Ich weiß auch nicht, warum.
Mein Instinkt sagt mir, dass nichts Gutes dabei rumkommt, wenn ich mich mit ihm abgebe. Alles in mir schreit auf.
Ich muss mich von ihm fernhalten!

Und dann ...
Sie ist viel zu nah!
LABER
LABER
LABER
In meiner Heimat wird um diese Zeit immer ein prunkvolles Fest gefeiert!
WIRBEL
Wir tragen alle die gleichen Kleider und da ich am besten tanzen kann, stehe ich immer im Mittelpunkt!
Hört Ihr noch zu?
Niemand, der sich selbst verherrlicht, ist tatsächlich »herrlich« ...
Herrlich!
Das nervt ...!
Komm zum Ende ...

In letzter Zeit redet sie nur gut gelaunt von ihrer Heimat. Was ist mit dem Bankett ...?
Wobei mir das recht sein soll.
Violet!
Kannst du ...
... dich hierum kümmern?
FLÜSTER
Lady Lizzy, ich sagte doch schon beim letzten Mal, dass das Euer letzter Brief sein sollte ...
Diese Korrespondenz könnte missverstanden werden, was gefährlich wäre!
Ich bin eine Königin! Du solltest mir gehorchen!

Ich weiß nicht weiter ...
Die Briefe scheinen Lady Lizzy wirklich zu helfen ...
... aber ...
Mach dir keine Gedanken darum, Violet.
Ich kümmere mich um den Brief.
Wir sollten sie aufhalten, bevor jemand davon erfährt.
Es wäre nicht ausgeschlossen, dass man ihr jetziges Verhalten auch schon verdächtig finden könnte ...
Ja ... sie ist so ... aufgekratzt ...
Die Welt ist eine wunderschöne Blumenwiese!!
Ich kann mir nicht vorstellen, dass ein einzelner Brief aus der Heimat sie dermaßen erfreuen würde.

Ist das Leben am Hof für sie wirklich solch eine Last ...?
Sie ist zu schwach ...
... und hat immer noch nicht begriffen, dass unsere Kleider unsere Rüstung und unser Lächeln unser Schild sind.
Wie ...?
Na ja, nun ist es sowieso zu spät dafür.
Ach ja ...
WÜHL
Es kam noch ein Brief für Lizzy an.

Würdest du ihn ihr übergeben?
Was ist los?
Der Absender ist wieder derselbe.
Lizzy wird sich sicher freuen!
Wie ich schon sagte, empfinde ich das als keine gute Idee ...
Ach was.

Ich habe dafür gesorgt, dass wir das unbeschädigt überstehen.
Sei ganz beru-higt.
Lady Lizzy!!

FREU
FREU
Wie unhöflich, Violet, so einfach vorzupreschen!
Aber wenn du so dringend wieder mit mir sprechen willst ...
Ich muss etwas wissen!
Was für ein Mensch ist Lady Ann?
S... Sie ist sehr offenherzig, verglichen zu den anderen.
Das dachte ich anfangs auch, aber ich habe mich geirrt, oder?
Ihr fürchtet Euch doch nicht nur aufgrund Eurer Position vor ihr, oder?
...
Ich weiß nicht, ob du mir glauben wirst, Violet ...

Eine Zeit lang war ich Lady Anns Lieblings-zofe.
Du bist so hübsch, Lizzy!
Dein Blond erinnert an einen Engel!
Trinkst du einen Tee mit mir, Lizzy?
Sie war drei Jahre älter als ich, brünett und sehr freund-lich.
Ich war frisch vom Land gekom-men und hatte sie sofort ins Herz ge-schlossen.
Lady Ann! ♡
Lady Ann! ♡
Lady Ann! ♡
Doch nach etwa drei Monaten ...

... hörte sie plötzlich auf, mit mir zu sprechen.
Vor den anderen gab sie sich wie immer.
Sie lächelte ...
... und war nett zu mir.
Ich habe es den anderen Kammermädchen erzählt, aber niemand glaubte mir.
Sie dachten sogar, ich würde bevorzugt werden.
Doch wenn wir allein waren ...
»Lady Ann kümmert sich so lieb um dich und du redest so über sie? Wie undankbar!«
Und darum fragte ich sie schließlich ...
Hasst Ihr mich ...?

Das ist dir jetzt erst aufgefallen?
Du bist ein verwöhntes, hohles Blondchen!
Ich habe dich vom ersten Augenblick an gehasst.
Und starr mich nicht immer so gierig an!
Das ist abartig!!

Ich hatte Angst, als ich zur fünften Königin erwählt wurde ...
... aber vor allem war ich erleichtert, Lady Ann nicht mehr nahe sein zu müssen.
...
Lady Lizzy, bitte entsorgt sofort alle Briefe, die Ihr erhalten habt!
Wie?
Bedenkt man Lady Anns wahren Charakter, muss irgendwas hinter den Briefen stecken!
Was ...?! Lady Ann?! Aber wieso ...?
Nur die üblichen Floskeln ... und arglose Dinge ...
Was stand in den Briefen?
Wer ist der Absender?!
Von welcher Herkunft?!

E... Ein guter Freund.
Ich hab dir von ihm erzählt!
Robert, der so gut tanzen kann ...
Ein Mann?!
Wie töricht!!
Darum kümmern wir uns später ... Wo sind die Briefe?!
Da Ihr eine Königin seid, sind diese Briefe allesamt Geheimschreiben!
Außerdem sind sie Beweise für Untreue, da sie an einen anderen Mann als den König gingen!

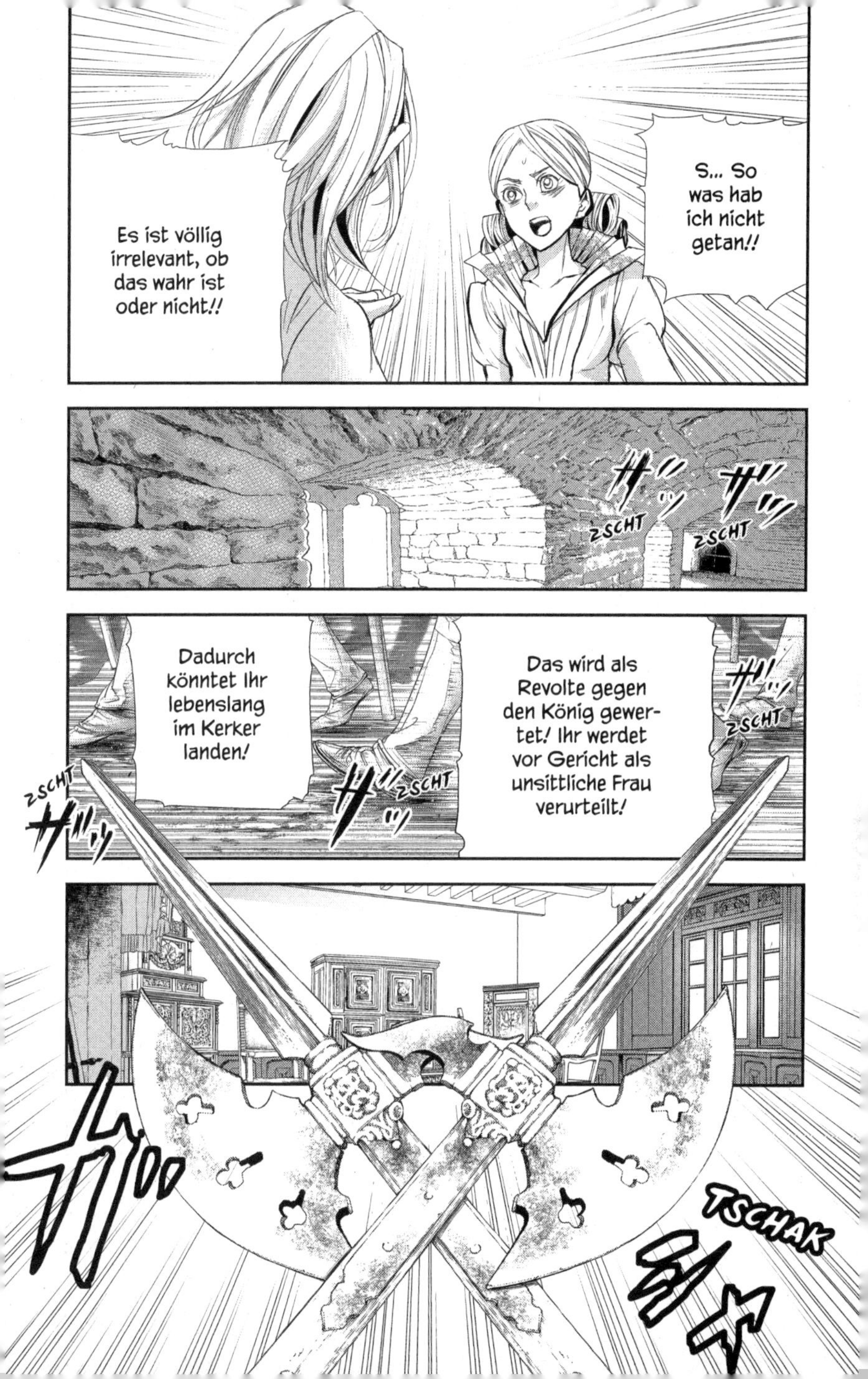
S... So was hab ich nicht getan!!
Es ist völlig irrelevant, ob das wahr ist oder nicht!!
ZSCHT
ZSCHT
ZSCHT
Das wird als Revolte gegen den König gewertet! Ihr werdet vor Gericht als unsittliche Frau verurteilt!
ZSCHT
Dadurch könntet Ihr lebenslang im Kerker landen!
ZSCHT
TSCHAK

Lizzy!
Lizzy of Grey!
Auf Geheiß Seiner Majestät des Königs und der Kirche werdet Ihr festgenommen!

TSCHILP
Hach …
Ich hätte ja gern noch etwas mit dir gespielt.
Aber was soll's, ich habe ja jetzt ein neues Spielzeug gefunden.
WAAAH

WAAAH
Sie sind laut.
Ja.
Heute wird diese Anwärterin hingerichtet.
Verstehe.
Ihr habt ihre Hinrichtung doch angeordnet.
Arthur, ich habe nur das Dokument unterzeichnet, das die Kirche mir vorgelegt hat.
Du weißt doch, dass ich mit den Angelegenheiten der Frauen nichts zu tun haben will.
Ich weiß ... trotzdem ...
WAAAH
Es haben sich viele Schaulustige versammelt, um der Hinrichtung beizuwohnen.

Am liebsten würde ich sie alle dafür töten.
Sie alle tun überzeugt, ein Sünder gehöre bestraft. Dabei wollen sie nur jemanden leiden sehen.
Dieser abartige Abschaum freut sich umso mehr, dass es eine unerreichbare Königin trifft ... ein junges Mädchen, das gesündigt hat.
Kann nicht wenigstens einer darum bitten, ihr Leben zu verschonen? Auch wenn es aussichtslos sein sollte?

Bis dann ...
... mein König.
Ist dort das Gemach Seiner Majestät?

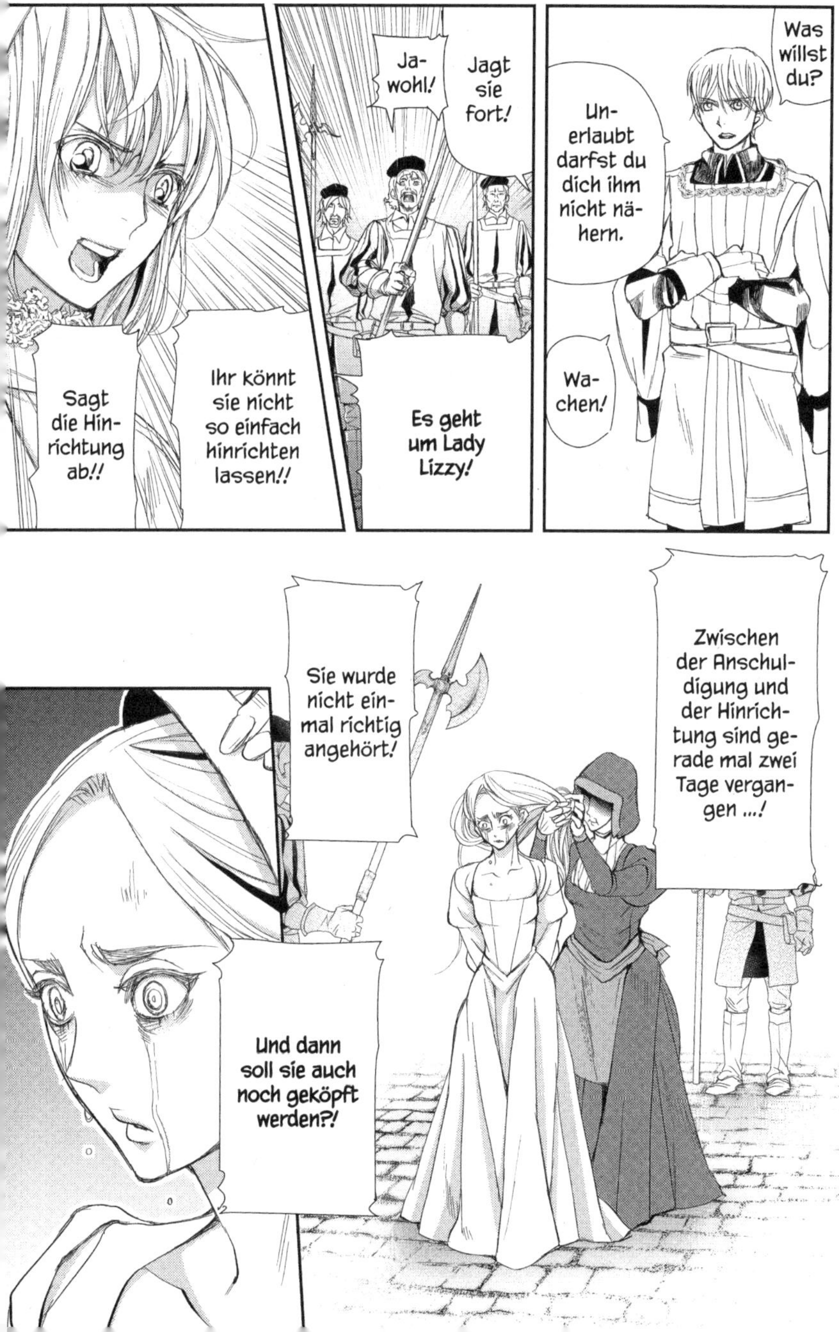
Was willst du?
Unerlaubt darfst du dich ihm nicht nähern.
Wachen!
Jagt sie fort!
Jawohl!
Es geht um Lady Lizzy!
Ihr könnt sie nicht so einfach hinrichten lassen!!
Sagt die Hinrichtung ab!!
Zwischen der Anschuldigung und der Hinrichtung sind gerade mal zwei Tage vergangen ...!
Sie wurde nicht einmal richtig angehört!
Und dann soll sie auch noch geköpft werden?!

Ich hatte nicht mal genug Zeit, irgendwelche Beziehungen zu nutzen, um ihr zu helfen!
Das geht nicht.
Die Kirche hat der Hinrichtung bereits zugestimmt.
Jemand soll der Kirche Briefe zugesteckt haben, die als Beweise für Lizzys Vergehen gelten.
Etwa Ann?!
Ich kümmere mich um den Brief.
Dir dürfte klar sein, dass sich selbst der König nicht gegen die Kirche auflehnen kann.

Und du bist nur die Ritterin der Prinzessin des Königreichs B.
Als ob jemand auf dich hören würde!
Und wenn ich mich als Alna zu erkennen gebe ... würde mein Wunsch dann als der des Königreichs B angesehen werden?
Das geht nicht!
Bei den geringen Erfolgsaussichten kann ich mein Heimatland nicht mit reinziehen!
Lady Lizzy ... Sie hatte keinen Umgang mit einem anderen Mann.

Ihr Verhalten war kindlich und töricht ...
... aber verdient sie es, deswegen getötet zu werden?
Deiner Herrin kommt es doch gelegen, wenn eine von insgesamt sechs Königinnenanwärterinnen verschwindet?
Gibt man sich in diesem Land die Blöße, folgt darauf der Tod.
Auf einem Schlachtfeld weicht der Pfeilregen auch Frauen und Kindern nicht aus.
Und Ihr lacht noch über diejenigen, die die Pfeile getroffen haben, anstatt Mitleid zu zeigen ...?
Solche herzlosen Menschen sind die größeren Sünder!
Fahrt zur Hölle!!
...
Sagte ich es nicht bereits?

Das hier ist die Hölle!

Ich empfehle mich!
Endlich sind wir mal derselben Meinung ...
... Violet.
WAAAH

WAAAH
Von hier aus kann man die Hinrichtung gut sehen!
Kein anderer Mensch ist hier!
Haltet die Hinrichtung bitte auf!
Als diejenige, die sie beschuldigt hat, könntet Ihr dazu in der Lage sein!
Dir dürfte doch klar sein, dass ich das niemals tun würde.
Oder willst du dein Gewissen erleichtern?
Weil Lizzy wegen der Briefe, die du ihr übergeben hast, sterben wird? Ist es das?

Willst du dir dann einreden, dass du versucht hättest, sie zu retten?
Reißt Euch endlich zusammen!!
Du bist mir wirklich zuwider!
Nichts davon wäre geschehen ...
... wenn du etwas klüger und vorsichtiger gewesen wärst und Lizzy nicht so töricht gewesen wäre.
Du hattest genug Gelegenheiten, sie aufzuhalten.
Ist es denn meine Schuld, dass ihr alle so dumm seid?
Dann bin ich auch dafür verantwortlich, dass der Himmel blau ist?

Wenn du sie wirklich retten willst, dann renn dort runter und beschütze Lizzy mit deinem Körper!
Nein ...
Ich will nicht sterben ...
Nein ...!
Gott ...!
Wenn du so weit gehst, würde nach deinem Tod vielleicht eine richtige Verhandlung eröffnet werden.
Oh ... aber da du die Briefe übergeben hast, wird deine Herrin Lady Alna vielleicht dafür geradestehen müssen?
Arme Lizzy, der Henker steht bereits hinter ihr!
Oh nein ... jemand muss ihr helfen!
Geh und hilf ihr!
Na los!!

WHACK
ザッ

ワアアアア
WAAAAH

Wie schade! ♡
Jetzt ist sie schon tot!
WAAAAH
Wie ...
... könnt Ihr nur so grausam sein ...?
Wie-so?

Natürlich um die mächtigste Frau dieses Königreichs zu werden!
Kannst du dir nicht mal das Offensichtliche denken?
Du wirst mich wohl nie verstehen.
SST
Nie.

Du wirst niemals Königin!
Dafür werde ich sorgen!
Ich mochte keine emotionalen Menschen.
Und zwar ...
Hexe!
Ich hol mir deinen Kopf!!
... bis zu jenem Tag und jenem Augenblick.
Fortsetzung folgt

Willkommen zu Cold Game!

Band 1 erzählt quasi den Prolog und die Geschichte muss erst noch richtig ins Rollen kommen, aber ich gebe mein Bestes, damit ihr am Ende dann den Aha-Effekt habt. Also bleibt bitte bis zum Schluss dabei!

Diesmal ist die Heldin meiner Geschichte eine Ritterin, aber in Wirklichkeit gab es damals keine weiblichen Ritter … glaube ich … meine ich …? (Weibliche Soldatinnen gab es allerdings!)

Apropos Ritterinnen –ich bevorzuge weniger die sexy Variante in einer Rüstung, die eher an einen Bikini erinnert, wie sie in Games öfter auftauchen. Mir gefallen hingegen richtig starke Frauen, wie man sie in ausländischen Fernsehserien sieht. Solche, die mit bloßen Händen ein Wildschwein erlegen könnten! Das lässt mein Herz höherschlagen! Starke Frauen (vor allem körperlich starke) sind richtig toll!! Und wenn ich hier schon eine Ritterin habe, hoffe ich, sie auch richtig cool gezeichnet zu bekommen. Also dann, bis zum nächsten Band!!

Kaneyoshi Izumi

– Profil –

☙ Geboren am 1. April
Blutgruppe: vermutlich A (hat's nie richtig nachgefragt)

☙ Gewinnerin des 36. Shogakukan-Newcomer-Manga-Preises. Ihr Debütwerk war *Tenshi* (dt. *Engel*), das im September 1995 im *Bessatsu Shojo Comic* startete.

☙ Veröffentlicht derzeit ihre Manga im *Betsucomi*.

– Kommentar –

Als ich fünf oder sechs Jahre alt war, sprach ich mit meinen Freundinnen und Freunden darüber, was wir später mal werden wollten. Einige wollten gern Ärzte werden oder Stewardess und so weiter ... Doch ich antwortete nur: »Ich will gar nichts werden. Eigentlich will ich nicht mal erwachsen werden und arbeiten müssen. Das wird voll anstrengend!« Ich erinnere mich noch sehr gut daran, wie entgeistert und enttäuscht alle von mir waren. Ich hatte auch sehr früh keine Bewunderung für die Prinzessinnen aus meinen Märchenbüchern übrig, da ihr Leben sehr anstrengend auf mich wirkte. Und dennoch wurde ich erwachsen und zeichne jetzt solch einen Manga. Man weiß eben nie, wie es kommt! Aber nicht alles, was schwer und anstrengend ist, muss gleichzeitig auch schlecht sein. Diese Einstellung möchte ich gern in meinen Manga wiedergeben.

Wir alle sind Heldinnen und Helden unserer eigenen Liebesgeschichten!

Cold Game

TOKYOPOP GmbH
Hamburg

TOKYOPOP
1. Auflage, 2021
Deutsche Ausgabe/German Edition

Aus dem Japanischen von Kaja Chilarska

CALLED GAME Vol. 1 by Kaneyoshi IZUMI

Original Japanese edition published by SHOGAKUKAN.
German translation rights arranged with SHOGAKUKAN through The Kashima Agency.
Original Cover Design: Ari HORINAKA + Bay Bridge Studio

Redaktion: Lisa Duty
Lettering: Vibrant Publishing Studio
Herstellung: Rita Geers
Druck und buchbinderische Verarbeitung:
CPI – Clausen & Bosse GmbH, Leck
Printed in Germany

MIX Papier FSC® C083411

Wir achten auf die Umwelt.
Dieses Produkt besteht aus FSC®-zertifizierten und anderen kontrollierten Materialien.

ISBN 978-3-8420-7139-1

www.tokyopop.de